DEMMLER VERLAG

Beherrschend überragt Sankt Marien die wiedererstandenen Giebelhäuser des Hafenviertels

Saint Marien, towering dominantly above the reconstructed gabled houses of the harbour district

Jürgen Borchert

Rostock & Warnemünde

Ein Ort nach meiner Art

mit Fotos
von Detlef Klose

*

Deutsch/Englisch

DEMMLER VERLAG

Titelfoto: Am Neuen Markt. On the Neuen Markt.
Foto: Detlef Klose, Schwerin

Fotos: Detlef Klose, Schwerin
Vignette S. 102: Horst Schmedemann

Englische Übersetzung: World Text Sprachenservice, Schwerin

Herausgegeben mit freundlicher Unterstützung und
in Zusammenarbeit mit
Wort & Werk, Buchhandelsverband, Rostock.

Dr. Margot Krempien
Bahnhofstraße 36
19057 Schwerin
Telefon/Telefax: (03 85) 4 84 49 79

Satz: Typoliner GmbH Leipzig
Lithos, Druck: Graficas Santamaria S.A.

ISBN 3-910150-38-1

INHALT

I.

Der Stadtspruch zuvor

Soeben Doeren to Sankt Marien Karke
Soeben Straten von den Groten Markte
Soeben Doren, so dor gahn to Lande
Soeben Kopmannsbrüggen by dem Strande
Soeben Toern so up dat Rathus stahn
Soeben Klocken so tohopen slahn
Soeben Linden up den Rosengorden
Dat sünd de Rostocker Kennewarden.

Mag Rom dreist auf sieben Hügeln erbaut sein – Rostock hat die magische Siebenzahl noch viel deutlicher als Kennewarden – also als Kennzeichen – in Anspruch genommen.

Tatsächlich sind viele der „Kennewarden", die der mittelalterliche Stadtspruch aufzählt, bis heute aufzufinden und zu betrachten. Am deutlichsten präsentiert sich die Rostocker Sieben auf dem Dreh- und Angelpunkt der Stadtgeschichte, dem Schaugiebel des Rathauses am Neuen Markt im Zentrum der Hansestadt. Wenn auch der Feuersturm des schrecklichen Krieges vor der Jahrhundertmitte der Stadt schwerste Schäden zufügte und sie, wie ihre hansischen Schwestern Hamburg, Bremen und Lübeck, dem Erdboden nahezu gleich machte, so erhob sie sich doch wieder aus der Asche wie Phönix, der sagenhafte Feuervogel der alten Ägypter, dessen

Sieben gotische Türmchen lugen über die Barockfassade des Rathauses

Seven Gothic turrets peeking over the baroque facade of the Rathaus

Sinnverwandter, der Greif, das Rostocker Wappen schmückt, der Löwenvogel, der jedem echten Rostocker die Heimat bedeutet, wie es Rostocks großer niederdeutscher Dichter John Brinckman besungen hat:

Dat was de Bucht von Halifax,
all Schäp in Sünndagsstaat;
dor weigten hunnert Junionjacks,
Dannbrogs un Hanseat,
hollandsch un fransche Trikulur,
de Yanki Stirn un Strip -
man keen so flott un keen so stur
as du, oll Vagel Grip!

II.

Etwas Geschichte muß sein

Zum erstenmal erscheint Rostocks Name als Roztoc oder Roztoky im Jahre 1160 in Urkunden des Slawenfürsten Niklot und in einem Bericht des Saxo Grammaticus. Damals war Rostock eine altslawische Burg, die an der unteren Warnow den Hauptort der Kessiner bildete.

1218 bestätigte Fürst Heinrich Borwin I. der Stadt Rostock das Lübische Recht. Die Stadt wuchs schnell von Ost nach West: Neben dem Siedlungskern um St. Peter entstand die Mittelstadt mit der Hauptkirche St. Marien, und im Westen gliederte sich das Gebiet um St. Jacobi an.

Das Jahr 1259 ist für Rostock bis heute ein wichtiges Datum, denn die Stadt trat der deutschen Hanse bei. Die Schonenfahrt, der Salz- und Fischhandel in der Ostsee sicherten städtisches Wachstum und Wohlstand. 1302 wurde die Stadt für anderthalb Jahrzehnte dänisch, bis König Erich von Dänemark sie 1317 an Fürst Heinrich von Mecklenburg als erbliches Lehen abtrat. Nachdem die Rostocker 1323 das Dorf Warnemünde erworben hatten, fielen sie mit ihrer Stadt 1348 endgültig als deutsches Reichslehen an Mecklenburg. In jenem Jahr erwarben die Landesherren Johann und Albrecht den Herzogstitel. Die Landesherren versuchten, auch über Rostock stärkere Macht zu gewinnen, aber die selbstbewußten Hanseaten trotzten ihnen allerhand

Privilegien und Zugeständnisse ab. So blieben sie im Besitz der Rostocker Heide, des riesigen Waldgebietes nordöstlich der Stadt, sicherten Strand- und Fischereigerechtsame, eigene Münze und selbständige Gerichtsbarkeit. Die Fürsten mußten auf das Recht, in Rostock ein Schloß zu bauen, verzichten.

1419 gründete Rostock seine Universität mit päpstlicher Zulassung, bischöflicher Förderung und landesherrlichem Schutz. Petrus Stenbeck eröffnete als erster Rektor die Hohe Schule am 12. November 1419. Die Universität zog Studenten aus ganz Nordeuropa, vor allem aus dem Bereich der Hanse, an und erhielt bald den ehrenden Beinamen „Leuchte des Nordens".

Die Rostocker hatten stets ihren eigenen Kopf. So gerieten sie gar 1484 in den Kirchenbann, den ihnen Papst Innozenz VIII. auferlegte, weil sie den Landesfürsten die Errichtung eines Domkollegiatstiftes verweigerten (die sogenannte Domfehde). Als die Jacobikirche tatsächlich, gegen den Willen der Bürgerschaft, 1487 zum Dom geweiht wurde, zettelte das Stadtvolk einen blutigen Aufstand an, bei dem der Probst Rohde, eben frisch gekürt, zu Tode kam. Die Rostocker kostete dieses Aufmucken 21 000 Gulden Strafe.

Diese Auseinandersetzungen wurden erst durch die Reformation endgültig beendet. Magister Joachim Slüter, ein Schüler Luthers und Melanchthons, entsagte dem Zölibat, predigte plattdeutsch zum Volk und gewann großen Zulauf. Auch seine Ermordung 1532 konnte die Reformation in Rostock und in ganz Mecklenburg nicht mehr aufhalten.

1476 wurde Rostock Druckort. Die Druckerei der Michaelisbrüder, die 1515 von dem berühmten Ludwig Dietz aus Speyer fortgeführt wurde, bestand bis 1559.

Unterdessen verlor die Hanse an Bedeutung. Rostock schloß 1573 und 1584 zwei Erbverträge, die die Oberhoheit der Landesfürsten festigten, aber auch zugleich die Einführung eines bürgerlichen Stadtparlaments, des „Hundertmännerkollegiums", ermöglichten.

Mit dem Dreißigjährigen Krieg setzte sich die Zeit des Niedergangs fort. 1677 verheerte ein Großbrand die Stadt. Die Auflösung der im Mittelalter so mächtigen Hanse 1669 in Lübeck trug nicht wenig zur sozialen und politischen Schwächung Rostocks bei. Häufige Unruhen erschütterten das Stadtregiment, bis 1770 die Statuten des Hundertmännerkollegiums verbessert und die sozialpolitischen Verhältnisse neu geregelt wurden. Dennoch war das ganze 18. Jahrhundert der Stadt nicht besonders wohl gesonnen, zumal Herzog Friedrich der Fromme, dem der humanistische Geist der Universität ein Dorn im Auge war, die Alma mater aufgehoben und nach Bützow verlegt hatte. Dort bestand sie, gewissermaßen „im Exil", von 1760 bis 1789, ehe sie nach Rostock zurückkehrte.

Das 19. Jahrhundert begann zwar wieder mit sozialen Unruhen (der „Butterkrieg" 1800) und wirtschaftlichen Problemen, die durch die napeolonische Kontinentalsperre 1806 verursacht waren und Hafen und Handel der Stadt fast völlig zum Erliegen brachten, aber 1814 feierte Rostock den glorreichen Einzug der mecklenburgischen Regimenter unter dem berühmten Reitermarschall Blücher. Mit der Niederlage Napoleons begann der wirtschaftliche Wiederaufstieg der Stadt nach zwei Jahrhunderten der Stagnation.

Der Aufschwung ist am einfachsten am Schiffahrtsregister der Stadt abzulesen: 1818 waren 134 Rostocker Schiffe registriert, 1850 war ihre Zahl schon auf 263 und 1878 auf 378 Dampf- und Segelschiffe gewachsen.

1851 ist ein bedeutendes Jahr in der Geschichte des Schiffbaus in Rostock: der erste seetüchtige Schraubendampfer Deutschlands lief vom Stapel. Die Neptunwerft beschäftigte bereits am Ende des Jahrhunderts 1400 Arbeiter. Damit war der Schiffbau neben der Hafenwirtschaft und der Seeschiffahrt zum wichtigsten Wirtschaftsfaktor der Stadt geworden und sollte es für ein weiteres Jahrhundert bleiben. 1900 zählte Rostock 25 000 Einwohner.

Aber wir haben vorgegriffen. Die politischen Wirren der Jahrhundertmitte mit der Revolution von 1848 ergriffen auch Rostock. Der Rat stellte sich an die Spitze der freiheitlichen Bestrebungen. Der Advokat Moritz Wiggers und der Universitätsprofessor Christian Wilbrandt arbeiteten die Forderungen Rostocks für eine Erneuerung des Stadtregiments und der Landesverfassung aus. Moritz Wiggers wurde 1850 zum Präsidenten des Verfassungsgebenden Landtags in Schwerin gewählt. Später mußten die beiden mutigen Landes- und Kommunalpolitiker ihre demokratischen Überzeugungen mit langjähriger Haft wegen „Hochverrats" büßen.

Die Einwohnerzahlen Rostocks stiegen in der zweiten Hälfte des 19. Jahrhunderts rasant an und erreichten zur Jahrhundertwende 1900 schon 54 700 Personen.

Zahlreiche öffentliche Bauten entstanden nach dem Krieg gegen Frankreich wie überall in Deutschland. Das Ständehaus am Rosengarten wurde 1893 eröffnet, das Kaiserliche Hauptpostamt kam in unmittelbarer Nachbarschaft im Jahre 1900 hinzu. 1895 leisteten sich die Rostocker ein prunkvolles Stadttheater. Der Lloydbahnhof (heute Hauptbahnhof) wurde 1886 und der überaus prächtige Wasserturm 1903 gebaut. Trotz der offensichtlichen Konjunktur jener Jahre kam es auch immer wieder zu sozialen Auseinandersetzungen, bei denen die Werftarbeiter traditionell die bestimmende Rolle spielten. So legte der legendäre Metallarbeiterstreik 1905/1906 das wirtschaftliche Leben Rostocks völlig lahm. Bei Ausbruch des 1. Weltkrieges 1914 war die Einwohnerschaft auf 70 000 Köpfe angewachsen. Während des Krieges kam es erneut zu Unruhen, die ähnlich wie ein Jahrhundert zuvor während des „Butterkrieges“ durch die Lebensmittelknappheit ausgelöst waren. 1917 plünderten die Rostocker Frauen die Bäcker- und Fleischerläden der Stadt – die Polizei wagte es nicht, einzuschreiten. 1918 dankte der Großherzog Friedrich Franz von Mecklenburg-Schwerin, als Landesherr auch Patron der Rostocker Universität, ab.

Die schwerste Zeit ihrer Existenz seit dem Dreißigjährigen Krieg erlitt die Hansestadt während des 2. Weltkrieges. Mit inzwischen 100 000 Einwohnern zur Großstadt herangewachsen, verlor sie in den Bombennächten vom April 1942 einen großen Teil ihrer Menschen. Fast 40 % der Gebäude wurden zerstört oder schwer beschädigt. Die prachtvollen Großkirchen St. Jacobi, St. Nikolai und St. Peter sanken in Schutt und Asche, die Hauptkirche St. Marien wurde beschädigt, aber durch den mutigen Einsatz des Küsters Bombowski gerettet. 1945 war die Bevölkerungszahl bis auf 66 000 geschrumpft.

Der Wiederaufbau begann zögerlich und unter schwersten Bedingungen. 1957 erfuhr die Stadtentwicklung durch den Baubeginn des Überseehafens einen entscheidenden Anschub. Schon seit der Verwaltungsreform der DDR von 1952 zur Bezirkshauptstadt erhoben, erlebte Rostock eine für die Bedingungen in der DDR erstaunliche und respektable Blüte, die in erster Linie dem Fleiß und dem Lebensmut der Rostocker selbst zu verdanken ist. Hafen und Werftindustrie waren es auch jetzt, die den Aufschwung und die Überwindung der Kriegsfolgen trugen.

1989 wurde mit der denkwürdigen Großdemonstration am 19. Oktober auch in Rostock eine neue Zeit eingeläutet. Mit der Wende schüttelten die inzwischen 230 000 Einwohner der größten Stadt Mecklenburgs die Bevormundung und Bedrückung der DDR-Jahre ab. Zum Symbol des Neubeginns wurde 1994 die feierliche Weihe des wiedererrichteten Turms der Petrikirche, der seit seiner Zerstörung 1943 als Ruine gestanden hatte. Wie Phönix aus der Asche, wie der stolze

„Vagel Grip“, erhebt er sich wieder über Stadt und Meer als höchster Kirchturm des Landes: Rostock, nach Fritz Reuter der „Up- un Dalsprung för jeden Mekelbörger“, John Brinckmans „min oll Vaderstadt“, lebt, blüht und gedeiht und grüßt ihre Gäste aus aller Welt.

Die Hafenspeicher – Sinnbild für Handel und Wandel

The Hafenspeicher (harbour storehouses) – a symbol of doings and dealings

III.

Rostock – Herz und Seele

Herz und Seele hat jede Stadt für jeden, der in ihr lebt. Rostocks Herz ist jenes langovale Zentrum, das sich an den Stadthafen zwischen Fischerbastion und Petrischanze anschmiegt, ein geordnetes Chaos aus Längs- und Querstraßen, Märkten und Plätzen, Gassen und Gängen. Hier lebt der Rostocker ganz, hierher führt er seine Gäste.

Rostock ist Hafenstadt und hat alles, was eine Hafenstadt zu ihrer Kennzeichnung benötigt: Kaimauern und Molen, Speicher und Krane, Kneipen und Fischräuchereien, Mädchen und Matrosen und natürlich den Geruch des Meeres. Hansestadt seit 1358, war Rostock schon immer nicht nur eine mecklenburgische Hafenstadt, sondern es war und fühlte sich als ein Teil Europas. Was ist schließlich die Hanse anderes als eine Art mittelalterlicher EG?

Die hansische Kultur prägte den Geist der Stadt und gab ihr ihre Seele. Er formte aber auch ihre körperliche Gegenständlichkeit aus. Der Stil der Hanse, die himmelstürmende Gotik in Backstein, fand hier wie in Lübeck oder Wismar ihre Baugestalt. Mochte der Bombenkrieg auch manche Lücke reißen und manches Wahrzeichen für immer zerstören – das Ganze griff er nicht an, es widerstand. Rostock überlebte. Zwar ging es in den hansischen Geschwistern Lübeck, Bremen und Hamburg schneller und konsequenter voran mit

Lebensader der Hafenstadt: die Warnow

Lifeline of the harbour town: the River Warnow

dem Wiederaufbau, und Rostock, das das Pech hatte, im östlichen Teil des Landes zu liegen, konnte so schnell nicht folgen. Jetzt aber ist die Zeit gekommen, verlorenen Boden gutzumachen, und die gute Gelegenheit, die Sünden der glücklicheren Schwestern nicht zu wiederholen.

Natürlich ist es nicht möglich, die Zeit zurückzudrehen und jenes märchenhafte Rostock wiedererstehen zu lassen, wie es der Bürger und Kaufmann Vicke Schorler am Ende des 16. Jahrhunderts in seiner kostbaren Rolle im Bild dargestellt hat. Diese „Vicke-Schorler-Rolle“, 19 Meter lang, wird im Stadtarchiv als kostbarer Kulturbesitz der Hansestadt aufbewahrt. Akribisch hat der „Ältermann der Kramergilde“ seine Stadt abgebildet, Straße für Straße, Platz für Platz, jedes einzelne Haus, jede Kirche, die Klöster, Tore und Brücken, das Rathaus und die Brunnen – ein Kosmos!

Vicke Schorlers Rolle wird dem modernen Touristen und Stadtbummler in der Praxis wenig nützen, aber um ein Bild aus Gegenwart und Vergangenheit zu gewinnen, tut sie beste Dienste. Für das Kennenlernen der Stadt eignet sich natürlich ein moderner Stadtplan besser, denn Vicke Schorler verzichtete gänzlich auf Maßstäblichkeit; seine Rolle ist eben keine Karte, sondern ein Bild. Wir raten also, sich vor dem ersten Rundgang ein Weilchen ins Kartenlesen zu vertiefen.

Vom Süden her schlängelt sich die wasserreiche Warnow aus dem mittleren Mecklenburg herbei. Schon in alten Zeiten war das Umland der Stadt sumpfig; ihr Kern entstand auf einem aus der Niederung aufragenden Hügel, etwa dort, wo sich der nadelspitze Petriturm erhebt. Um die Stadt herum knickt die Warnow scharf nach Westen ab und bildet als „Unterwarnow“ einen idealen, sturmsicheren und eisfreien Hafen, der zwar seine Bedeutung als Handelshafen nach dem Entstehen der Anlagen des Überseehafens am nördlich gelegenen Breitling verlor, heute aber besonders zu den Rostocker Hafentagen und während der „Hanse Sail“ Tummelplatz großer und kleiner Segelschiffe und -boote ist.

Natürlich besteht Rostock nicht nur aus jener eiförmigen Altstadt und der Unterwarnow. Schon im 19. Jahrhundert entstanden die Steintor-Vorstadt im Süden und die Kröpeliner-Tor-Vorstadt im Westen der Altstadt. Beide sind Kinder der Gründerjahre. Eine zweite, stoßartige Ausdehnung erfuhr die Stadt in der ersten Hälfte unseres Jahrhunderts, als am jenseitigen Warnowufer und im Osten Rostocks Siedlungsviertel aus dem Boden schossen. In Dierkow und in Brinckmansdorf siedelten sich unter dem beliebten Motto „Lütt, oewer min!“ kleine Beamte und Angestellte an. Ähnlich war es auch im nordwestlich der Werft liegenden Reutershagen mit seinen Siedlungshäuschen. Zwischen Rotdornalleen und Schneebeerenhecken wuchs die rotgeklinkerte Idylle der deutschen Kleinbürgerbehaglichkeit heran: „Ob Ost, ob West, to Hus is am best!“ In den Jahren der DDR kam der dritte, diesmal größte Schub stadterweiternden Bauens zur Ausführung – die riesigen Wohnsiedlungen zwischen der Kernstadt und dem Hafenort Warnemünde boten Raum für die Beschäftigten der rasant

Die „Krusenstern", einer der größten Windjammer der Welt,
liegt auf der Reede vor Warnemünde ...,

The "Krusenstern", one of the world's largest wind-jammers,
lying in the roadstead near Warnemünde ...

... während sich die Segler der Freizeitkapitäne
im Stadthafen drängeln

... while the leisure boats push their way through the Stadthafen
(Town Harbour)

Zweckmäßig und schön sind die alten Aufzugkrane der historischen Speicher im Hafenviertel

Useful and attractive are the old cranes of the historical storehouses in the harbour district

Sankt Nikolaus, Schutzpatron der Seeleute, bewacht die Straßendurchfahrt unter dem Hohen Chor der Nikolaikirche

St. Nikolaus, patron saint of the mariner, watches over the thoroughfare beneath the high choir of the Nikolaikirche

anwachsenden Rostocker Industrie- und Hafenwirtschaft: Evershagen, Lütten Klein, Groß Klein, Schmarl, Lichtenhagen. Hier wohnen heute mehr als 100 000 Menschen, über die Hälfte aller Rostocker, und überall bemerkt man die geschäftige Bemühung, die etwas tristen Schlafstädte zur wirklich bewohnbaren Stadtvierteln umzugestalten. Sicher kann sich dieses Bemühen noch ein Weilchen hinziehen, aber der Anfang ist gemacht.

Warnemünde, das sich behaglich an der Einmündung der Warnow in die Ostsee am herrlichen Sandstrand und am Alten Strom hinstreckt, riecht tatsächlich immer noch, wie in den alten Liedern der Seefahrerromantik, nach Fisch und Tang und Teer und strahlt die Gemütlichkeit eines alten Fischer- und Seefahrerstädtchens aus. So versöhnt es uns mit den Eindrücken, die wir in den Wohnstädten entlang der S-Bahn-Linie und der Stadtautobahn empfingen. Aber Warnemünde will mehr sein als nur ein „Anhängsel" Rostocks, und es ist auch mehr als ein solches und verdient deshalb in seinem Selbstbewußtsein und seinem einzigartigen Flair ein eigenes Kapitelchen.

Zuvor wollen wir aber noch einmal zur Siebenzahl zurückkehren. Die Rostocker trieben es mit der Sieben auf die buchstäbliche Spitze und feierten kürzlich nicht brav das 775., sondern – natürlich – das 777. Stadtjubiläum. Und wir folgen gern und zählen mal nach, was es denn mit den „Kennewarden" im siebenseligen Stadtspruch heute für eine Bewandtnis hat. Tatsächlich, sieben Türen hat die Marienkirche auch heute noch, einige sind zwar inzwischen vermauert, aber dennoch deutlich auszumachen. Von den „sœben Doren“, den sieben Stadttoren, sind noch vier vorhanden. Die fehlenden fielen Stadterweiterungen zum Opfer und eines, das Petritor, wurde der Abrißwut der sozialistischen Stadtfürsten noch 1960 geopfert, obwohl es völlig intakt war. Vielleicht wird man es wieder aufbauen, denn zusammen mit dem gleichfalls wiedererstandenen Petriturm bildete es eines der besonders markanten Rostocker Stadtbilder. Ein weiteres der Tore, das stolze, schlanke Kröpeliner Tor am westlichen Ausgang der Altstadt, beherbergt Ausstellungen des Kulturhistorischen Museums. Die sieben Kaufmannsbrücken am Strande, die man auf Vicke Schorlers Rolle noch abgebildet findet, haben ihren Platz moderneren Umschlageinrichtungen räumen müssen, aber die sieben Türme auf dem Rathaus sind noch alle da und überragen eindrucksvoll und zierlich die sieben Bogenöffnungen des Rathauses am Neuen Markt. Was die Siebenzahl der Straßen angeht, die laut Stadtspruch zum Markt führen, so sind wir etwas ratlos, ob denn der Alte oder der Neue Markt gemeint sei, denn beide sind bis heute durch sieben Straßen mit dem Stadtkorpus verbunden. Wenden-, Slüter- und Diebsstraße, Amberg, Sackpfeife, Altschmiede- und Lohgerberstraße münden auch heute noch in den Alten Markt ein, und der Neue Markt band sich bis zur unheilvollen Zerstörung der nördlichen Platzwand 1942 ebenfalls siebenfach an sein Umfeld an: Ortsund, Glatter Aal, Große Scharrenstraße, Große Wasserstraße,

Sankt Marien am Neuen Markt
ist eine der größten Backsteinkirchen des Ostseeraums

The Marienkirche on the Neuer Markt square
is one of the largest red-brick churches in the Baltic region

*Gotische Giebelhäuser in der östlichen Altstadt –
Zeugen hansischer Kultur*

*Gothic gabled-houses in the eastern Altstadt –
witnesses of the Hanseatic culture*

Blutstraße, Steinstraße und Bei der Marienkirche hießen die Gassen und Straßen hier. Über die alten Rostocker Straßennamen sollte man sich kundig machen – das ist ein besonders lehrreiches und zugleich unterhaltsames Kapitel lebendiger Stadtgeschichte. Nur soviel: Die Blutstraße, heute Teil der Kröpeliner Straße bis zum Universitätsplatz, hat ihren Namen nicht, wie der Volksmund meint, vom Blute der Geköpften bei einem Aufstand. sondern ist einfacher zu erklären: Blut kommt vom plattdeutschen Wort „Blott", und das heißt nichts weiter als Schmutz, Schlamm – die Blutstraße war lange Zeit ungepflastert ...

Die sieben Glocken meinten die schlagenden Uhrwerke der Kirchen zu St. Marien, St. Jacobi, St. Nicolai und St. Peter und der Stifts-bzw. Klosterkirchen Zum Heiligen Kreuz, Zum Heiligen Geist und zu St. Katharinen. Es muß ein Ohrenschmaus gewesen sein, wenn sie „tohopen", also zur gleichen Zeit, schlugen.

Bleiben die sieben Linden: Heute stehen weit mehr als sieben auf dem Rosengarten, und gottlob sind sie gesund und grünen und schatten kräftig zur Freude der Spaziergänger, die vom Steintor in Richtung Wallanlage pilgern. Und an dieser Stelle, dem Rosengarten, soll schnell noch ein Wort zum Stadtnamen gesagt werden, denn die romantisierende Volksseele las den Namen der Rose aus Rostock (= Rosenstock) heraus. Ist aber ebenso ein Irrtum wie die plattdeutsch-witzige Version vom „Pierd-Knüppel" (= Roß-Stock). Die Wahrheit ist, wie so oft in Mecklenburg, slawischer Herkunft.

„Roztoky“ bedeutet eine sich verbreiternde Flußmündung oder den Ort, der daran liegt, so wie Rostow am Don: Rostock an der Warnow …

Schützend erhebt sich die Marienkirche über das nächtliche Rostock

The Marienkirche rises protectively above Rostock by night

Bildschmuck von Reinhard Dietrich am Fünfgiebelhaus

Artwork by Reinhard Dietrich on the Fünfgiebelhaus (Five-Gabled House)

IV.

Zwischen Mauern, Masten und Türmen

Rostocks Tradition als Universitätsstadt geht auf das Jahr 1419 zurück. Das Herzstück der Uni ist ihr Hauptgebäude am Universitätsplatz, der auch eine Zeitlang „Blücherplatz“ und zuvor „Hopfenmarkt“ hieß, wie auch die dazugehörige einstige Blutstraße, von der schon die Rede war.

Hauptgebäude der Universität

Main building of the University

Hier auf diesem Platz ist eines der geistigen Zentren Mecklenburgs. Die Universität, die im Verlaufe ihrer Geschichte den Ruhm einer „Leuchte des Nordens“ erwarb, zählte berühmte Namen in der Liste ihrer Lehrer: Ulrich von Hutten, Conrad Celtis, Albert Krantz, Nikolaus Marschalk ... Die Hohe Schule durchlebte in den fast sechshundert Jahren ihrer Existenz Höhen und Tiefen, Ruhm und Schmach. Einmal gar war sie von einem sittenstrengen Herzog in das Gänsestädtchen Bützow ins Exil verlegt worden, wo sie immerhin fast dreißig Jahre ausharren mußte, bis sie im Triumph 1789 nach Rostock zurückkehrte. Zu späteren Ruhmesblättern zählen die Ehrendoktorwürden, die sie zum Beispiel Fritz Reuter, dem mecklenburgischen Nationaldichter, und Albert Einstein, dem Physik-Genie, antrug und verlieh.

Auf dem Platz vor dem Hauptgebäude, das der Schweriner Baumeister Hermann Willebrand 1865 bis 1870 errichtete, steht eines der bedeutendsten öffentlichen Kunstwerke der Stadt, das Blücherdenkmal. Gebhard Leberecht von Blücher, Fürst von Wahlstatt, volkstümlicher Haudegen und Freiheitsheld, war ein Sohn der Stadt Rostock. Er hatte 1815 Napoleon sein Waterloo bereitet. Kein Geringerer als Johann Gottfried Schadow entwarf den bronzenen Blücher in Heldenpose, wie er heute vor der Uni unter den Linden steht,

Marschall Blücher schlug Napoleon bei Waterloo 1815

Marshal Blücher defeated Napoleon at Waterloo in 1815

und Goethe steuerte (gegen Honorar, versteht sich) eine kernige Inschrift bei:

In Harren und Krieg,
In Sturz und Sieg,
Bewußt und groß,
So riß er uns vom Feinde los.

Die Rostocker lieben ihren Blücher und dieses Denkmal sehr. Blücher selbst indes, der seine Schwierigkeiten mit dem Heldentum hatte, sah kurz vor seinem Tode 1819 noch Schadows Entwürfe für das Standbild und soll dazu nur gesagt haben: „Mein Jott ..."

Steht man vor dem Universitätsgebäude mit seiner strengen und zugleich prächtigen Fassade im damals beliebten „Johann-Albrecht-Stil" mit Friesen, Terrakotten und Lünetten in Ziegelrot und Steingrau, so bildet rechterhand, die Nordseite des annähernd dreieckigen Platzes einnehmend, das moderne Fünfgiebelhaus einen erfreulichen Widerpart. Das 1986 entstandene Gebäude erinnert mit seinem plastischen Schmuck, seinen Klinkerflächen und seinem Glockenspiel ein wenig an die Architektur der Bremer Böttcherstraße, ist aber auch der hansischen Bautradition verpflichtet. Die Architekturgeschichte der DDR hat nur wenige gültige Leistungen hervorgebracht: das Fünfgiebelhaus ist eine! Die dritte Platzseite wird von zwei barocken Gebäuden beherrscht, die die Rostocker zwei Brüdern verdanken, die als mecklenburgische Landes-

Fünfgiebelhaus mit Glockenspiel

Fünfgiebelhaus (Five-Gabled House) with clock-works

herren gegensätzlicher kaum vorstellbar sind. Herzog Carl Leopold (1678 bis 1747) ärgerte sich über die Privilegien der Stadt und drückte ihr 1714 das „Palais" mit den wuchtigen Frontsäulen „aufs Auge", um seine Macht zu demonstrieren. Die aber verlor er bald, denn als Despot kam er unter kaiserliche Kuratel und mußte den Thron seinem Bruder Christian Ludwig II. überlassen. Der war ein Freund der Künste und des Prinzips „Leben und leben lassen" und schenkte der Stadt das treffliche Gebäude neben dem Palais, den duftigen

Jean Legeay schuf um 1750 den Barocksaal im Auftrag des Herzogs Christian Ludwig II.

Around 1750, Jean Legeay created the Barocksaal at the orders of Duke Christian Ludwig II

Die Aula der 1419
gegründeten Universität Rostock

The assembly hall of Rostock's university,
which was founded in 1419

Brunnen der Lebensfreude

(Fountain of Happiness)

„Barocksaal“ (1750), den sein Bau- und Gartenmeister Jean de Legeay errichtete, damit die Rostocker den Aufführungen reisender Theatergruppen oder den Konzerten der Hofkapelle beiwohnen konnten.

Das Platzdreieck wird an jener Stelle, wo der Platz in die Kröpeliner Straße übergeht, von Jo Jastrams und Reinhard Dietrichs „Brunnen der Lebensfreude“ belebt (nicht beherrscht!), einem vielfigurigen, sehr beliebten Wasserspiel, das 1980 aufgestellt wurde.

Parallel zur (Hopfenmarkt-Blutstraße)–Kröpeliner Straße verläuft in strenger Ost-West-Ausrichtung die innerstädtische Hauptverkehrsader, die Lange Straße. Vor ihrer irreparablen Vernichtung 1942 war sie kaum breiter als die heutige Kröpeliner Straße. Hier blieb buchstäblich kaum ein Stein auf dem anderen. 1953 begann man, sie im damals üblichen Stil der „Großbauten des Kommunismus“ wiederzuerrichten. Rostock hatte Glück, denn die Architekten konnten doch nicht ganz an Alt-Rostock vorbeibauen und mußten die stalinsche Maßlosigkeit den Rostocker Verhältnissen anpassen. Wichtig war, daß der traditionsreiche Baustoff Backstein wieder zu Ehren kam, Treppengiebel, Ziertürmchen und Dachreiter, Laubengänge und Sandsteinkapitelle ihren Platz fanden und so die Gigantomanie der Stalinallee in Berlin vermieden werden konnte. Zwar war der Straßenraum überbreit dimensioniert, was aber die angenehme Folge hat, daß, während die Lange Straße den ganzen durchfließenden Verkehr auf vier Fahrbahnen und die doppelgleisige Straßenbahn

Blick in die Kröpeliner Straße mit der dominierenden Gotik der Marienkirche

View of Kröpeliner Straße with the dominant Gothic of the Marienkirche

Die Lange Straße

Lange Straße

aufnehmen kann, die Kröpeliner frei davon bleibt und allein dem Fußgänger vorbehalten ist.

Ein großer Verlust für das Stadtbild und auch für die Lange Straße wird für immer zu tragen sein – die mächtige Jacobikirche mit ihrem markanten Turm ist unwiederbringlich dahin. Nachdem der Feuersturm von 1942 bereits Turm und Dach vernichtet hatte, wurden die Reste des Schiffes 1960 abgerissen. Das Geld für den Wiederaufbau fehlte; der Staat zeigte sich unwillig, die Kirche war arm wie ihre sprichwörtlichen Mäuse.

Die Lange und die Kröpeliner Straße, die beide vom Raum um das Kröpeliner Tor ausgehen und auf den Neuen Markt münden, sind, wir versuchten es schon zu beschreiben, sehr gegensätzlicher Natur. Dort großstädtischer Lärm, hier kleinteilige Nutzung in zahllosen Geschäften, Kneipen, Cafés und Bistros; Glockenspiel, Brunnen und grüner Platz vor der Uni: ein Schlenderparadies. Auf die kürzeste Formel gebracht, hat man es in der Langen Straße eilig und läßt sich Zeit in der Kröpeliner.

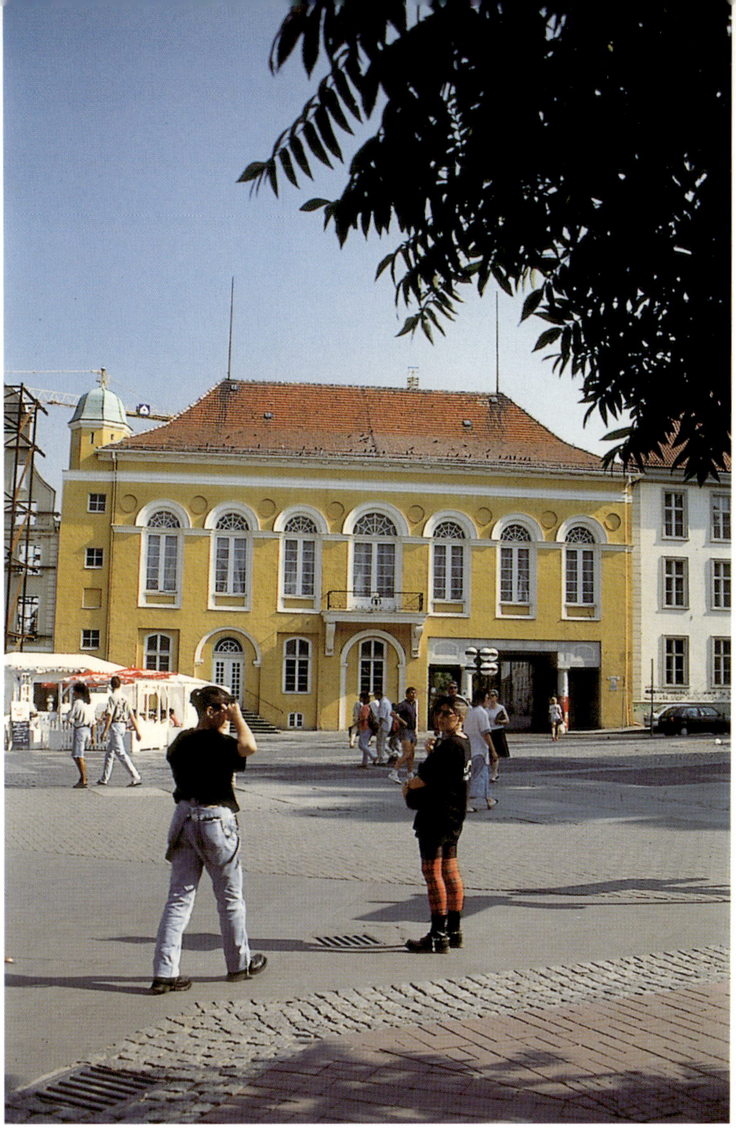

Barocksaal in der Kröpeliner Straße

The Barocksaal on Kröpeliner Straße

V.

Gottesfurcht und Bürgerstolz

Im Mittelalter besaß Rostock neben den vier Großkirchen St. Peter, St. Nicolai, St. Marien und St. Jacobi eine Reihe von weiteren Kirchenbauten, die Klöstern und Spitälern zugeordnet waren.

Allen großen Kirchen ist gemeinsam, daß sie aus Backsteinen errichtet worden sind; Haustein wurde nur für Zierrate wie Kapitelle oder Portale verwendet. Für Fundamente, Stufen, Säulenbasen und ähnliche Teile des Gebäudes verwendete man gern die heimischen Feldstein-Findlinge von teilweise beträchtlichen Ausmaßen.

Vorbild für fast alle in den Hansestädten entstandenen Kirchen war die 1260 begonnene doppeltürmige Lübecker Marienkirche. Doppelturmbildungen allerdings kommen in den östlichen Hansestädten Wismar, Rostock, Stralsund und Greifswald nicht vor.

Jede der Rostocker Kirchen hat einen anderen Charakter, jede hat auch ihre eigene Geschichte.

St. Marien, das gewaltige zentrale Gotteshaus der Stadt, macht im Inneren fast den Eindruck eines Zentralbaues, weil sich Langhaus und Querschiff etwa in der Mitte des Gebäudes kreuzen. Ein lichter Kapellenkranz aus fünf Seiten des Achtecks umschließt den Hohen Chor, ein nach Norden gerichtetes Polygon mit besonders großen Fenstern dient

Eine der „soeben Doeren"; Südportal des Marienkirche

One of the "soeben Doeren" (seven doors); southern portal of the Marienkirche

Das mächtige Westwerk wurde 1796 mit einer barocken Haube geschlossen

The massive western wing was given its baroque spire in 1796

Der Altar der 1942 schwer beschädigten Nikolaikirche fand in St. Marien „Asyl"

After the Nikolaikirche was badly damaged in 1942, its altar found a sanctuary in the Marienkirche

größtmöglicher Lichtausbeute auch in den dunklen Wochen des Jahres. St. Marien ist die an Kunstschätzen reichste Kirche Rostocks. Weltberühmt ist ihre funktionstüchtige astronomische Uhr mit zwei übereinander angeordneten Zifferblättern und einem Apostelumlauf, der ein wenig an die ebenso berühmte Astronomische Uhr am Rathaus der Prager Altstadt erinnert. Als der Dachstuhl der Kirche bei den Bombenangriffen 1942 und 1944 in Brand zu geraten drohte,

In der Marienkirche: Hauptalter (links) und Astronomische Uhr (rechts)

The interior of the Marienkirche: main altar (left) and astronomical clock (right)

rettete der Küster Friedrich Bombowksi unter Einsatz seines Lebens unter größten Schwierigkeiten seine Kirche vor der Vernichtung.

St. Petri ist die älteste der Rostocker Kirchen und die Hauptkirche der östlichen Altstadt. Sie trug von alters her den 119 Meter hohen kupfernen Spitzhelm, der den Schiffern auf See als Landmarke diente und zugleich der höchste Kirchturm Mecklenburgs war. Die Petrikirche verlor in den Bombennächten nicht nur den stolzen Turm. Auch das Dach brannte aus, Gewölbe stürzten ein. An einen Wiederaufbau war für ein halbes Jahrhundert nicht zu denken. Erst die Initiative des Pastors Peter Wittenburg, der mit Gottvertrauen und Zähigkeit Geld zu sammeln begann und einen Verein für den Wiederaufbau gründete, ist es zu danken, daß der größte Mobilkran Deutschlands, auf 13 Tiefladern aus dem Rheinland herbeigeschafft, am 13. November 1994 die Turmhaube wieder aufsetzen konnte. Ein beeindruckendes Unternehmen, ein stolzer Erfolg! Rostocks Stadtsilhouette gewann eines ihrer wichtigsten Elemente zurück. Von dieser Kirche, die nun wieder die alte Helmzier trägt, war unter dem Magister und Lutherschüler Joachim Slüter die Reformation in Rostock ausgegangen. Sein Denkmal steht am Fuß der nördlichen Kirchenschiffswand an der Stadtmauer.

Die 1312 geweihte Kirche St. Nicolai, nur wenige hundert Meter von St. Peter entfernt, war ebenfalls schwer beschädigt worden. Ihr Wiederaufbau schloß eine vieldiskutierte Neuerung ein – man schuf unter dem riesigen Dach des

Innenraum der St. Petrikirche

Inside of St. Petrikirche

Sankt Nikolai in der östlichen Altstadt

The Nikolaikirche in the eastern Altstadt

Gotteshauses Wohnungen für kirchliche Mitarbeiter, Gastzimmer, Diensträume und Veranstaltungssäle, die über eine Treppenanlage und einen Aufzug im Turmschaft erreichbar sind. Das in seiner weiten, weißgekalkten Leere sehr eindrucksvolle Kirchenschiff dient Konzerten und auch Theateraufführungen.

Die vierte der großen Kirchen, die monumentale Basilika von St. Jacobi, ist nicht erhalten. Sie gilt als größter Substanzverlust in Rostocks Stadtbild. Teile ihrer Ausstattung sind, soweit sie gerettet werden konnten, heute in den anderen Kirchen untergebracht.

Zum Ensemble des Klosters zum Heiligen Kreuz hinter der Universität gehört die als Universitätskirche bezeichnete Heilig-Kreuz-Kirche, eine turmlose Bettelordenskirche aus dem 14. Jahrhundert. Hier finden beliebte Konzerte statt und das Klosterensemble selbst bietet dem Kulturhistorischen Museum angemessene Heimstatt.

Als ein Rest des Michaelisklosters existiert bis heute die merkwürdige Michaeliskirche hinter dem Einkaufszentrum „Rostocker Hof“. Sie stammt aus dem 15. Jahrhundert und dient den gottesdienstlichen Zwecken der mecklenburgischen Methodisten-Gemeinde.

Weinlokal „Krahnstöver“

Wine pub “Krahnstöver“

IV.
Kulturgeschichte beim Kneipenbummel

In Rostock einen Kneipenbummel zu unternehmen, ist keine Kunst und noch weniger ein Problem. Es gibt sie wie Sand am Meer, die Bier- und Weinstuben, die Kaschemmen und die Nachtbars, die Gourmet-Restaurants und die Eiscafes. Für jeden Geschmack etwas von Nepp bis Niedrigwasser. Man suche, so wird man finden.

Mein Kneipenbummel beginnt zwischen den beiden großen Kirchen der östlichen Altstadt ziemlich genau in der Mitte, in den „Altstädter Stuben" in der Altschmiedestraße. Vorzugsweise das Kellergeschoß hat es mir angetan, die schweren, unregelmäßigen Gewölbe aus roten Backsteinen im Klosterformat. Hier kann man die Grundlage schaffen für spätere Ausschweifungen, indem man erst einmal eine Scholle oder einen Teller Bratheringe mit Bratkartoffeln verzehrt und ein kühles Rostocker Pilsner dazu trinkt. So kommt man gut gestärkt aus der Unterwelt wieder ins Freie an jener Stelle der Stadt, wo die Straßennamen am wunderlichsten sind und von den uralten Gewerken reden, die hier betrieben wurden: von den Schmieden und den Kütern, den Loh- und den Weißgerbern, den Brauern und den Wollwebern und natürlich den Dieben – ja, Rostock tut dieser Zunft die Ehre an, eine Straße nach ihr zu benennen. Warum auch nicht, wo sich das Volk zu allen Zeiten fragt, wer wohl hundsföttischer sein: ein

„Ehrlich' Diebskerl oder ein falscher Ratsherr". Jedenfalls befand sich hier der Karzer, in dem, wer beim Pfingstmarkt mit der Hand in einer fremden Tasche erwischt worden war, abgeliefert und für den Richter aufbewahrt wurde. Wir machen uns ehrlich, indem wir die Zeche zahlen und uns durch die Viergelindenbrücke in die Große Wasserstraße schlagen, wo wir beim „Krahnstöver" einfallen. Diese Weinhandlung mit Kneipe in einem schönen alten Giebelhaus ist Rostocker gastronomisches Urgestein. Das Weinangebot ist umwerfend, und nach dem Motto „Wein auf Bier, das rat' ich dir!" genehmigen wir uns einen Schoppen Weißen von der Mosel und lassen uns – dies empfehle ich aus eigener Erfahrung – dazu ein Käsebrett anrichten. Allabonnör!, um mit Käpt'n Pött zu sprechen. Wer Käpt'n Pött ist? Besser bekannt ist er unter „Kasper-Ohm" und geistert als köstliche Erfindung des Rostocker Dichters und Kapitänssohn John Brinckman durch Rostocks Altstadt und Hafenviertel. Der kann auch schon beim „Krahnstöver" gesessen haben, denn die Firma gab es damals, vor mehr als 150 Jahren, auch schon. Übrigens haben sie auch Schnaps gebrannt, und ein Familienzweig beschäftigte sich mit der Kürschnerei und durfte sich mit dem Titel eines „Großherzoglichen Hoflieferanten" schmücken. Und ein Krahnstöver war Kapitän zur See und befehligte die Yacht des Doberaner Seebades. Mit Käse und Wein beim Krahnstöver aufgerichtet, nehmen wir die ansteigende Große Wasserstraße in Angriff, um, vorbei am gotischen Treppengiebel des prächtigen Kerkhoffhauses, in dem das Stadtarchiv unter anderen

Das Kerkhoffhaus beherbergt das Stadtarchiv

The Kerkhoffhaus houses the city archives

Vom Ratskeller unter den sieben Bögen hinüber zum „Burwitz“

From the Ratskeller, under the seven arches, across to the "Burwitz"

Stets gut besucht: die „Kogge“

Always packed: the “Kogge“

Wer läutet, zahlt eine Runde!

Whoever rings, buys the round!

auch Vicke Schorlers kostbare Rolle verwahrt, auf den Neuen Markt zu stoßen. Unter den sieben Bögen der Rathauslaube führt die Treppe hinab in den weitläufigen, säulenschweren Ratskeller, in dem wahrlich gut zechen ist. Die Speisekarte mit norddeutscher Hausmannskost und vielen Fischgerichten lohnt das Studium durchaus. Wenn wir das nahrhafte Gewölbe verlassen, gucken wir nach, ob am nördlichsten der Säulenbeine, mit denen das Rathaus sich abstützt, die kleine Schlange noch zu finden ist: Ja, sie ist da, wo sie hingehört. Ein Rätsel, und niemand weiß, wozu sie gut ist, diese Plastik an der Säulenbasis. Also muß die Sage aushelfen, die zu berichten weiß, daß die Baumeister den Rat ermahnen wollten, nicht nur stark und stolz und wehrhaft zu sein wie das Wappentier der Stadt, der Greif, sondern, bitteschön, auch listig wie die Schlange. Oder mögen Sie lieber diese andere Erklärung? Als altes Symbol für die Sünde bannte man sie in Stein an die Säule, um sündhaftes Tun aus dem Rathaus fernzuhalten. Gewichtig nickt das Volk mit dem Kopf und spricht: Pöker, wohr di, lat se buten!

Da es jetzt Nacht geworden ist und der unablässige Verkehr von der Stein- in die Lange Straße und umgekehrt sichtlich nachgelassen hat, können wir zielsicher geradenwegs über den Platz marschieren, auf die Einmündung der Kröpeliner Straße zu, jedoch, um es seemännisch auszudrücken, mit 10° Mißweisung Nord, denn dann treffen wir geradenwegs auf die Tür vom „Burwitz“. Diese gemütliche und bürgerlich-anständige Kneipe muß man aufsuchen, wenn man Rostocks beste Fischsuppe essen will. Sie mundet zwischen dem hanseatischen Mobiliar köstlich und erwärmt den späten Gastronomiestudenten mit ihrer klaren Schärfe, auf daß er gerüstet sei für den Weg in das nächste (wahrscheinlich für heute letzte) Etablissement, die „Kogge". Sie ist Rostocks berühmteste Seemannskneipe, befindet sich seit etwa 150 Jahren an der selben Stelle, hat im Verlauf ihrer Geschichte ein Dutzend verschiedene Namen gehabt und ist angeblich auch ein Dutzend mal abgebrannt. Ihren jetzigen, zutreffenden, Namen führt sie seit 50 Jahren, und gebrannt hat es seither auch nicht mehr, obwohl man es oben auf der Galerie durchaus vermuten könnte, so dick ist hier der Tabaksqualm. Am Tresen hängt eine Schiffsglocke: Wer sie läutet, zahlt eine Lokalrunde. Und als Nachtmahl verputzen wir dann noch ein Kapitänsbrot, das aus geräuchertem Aal mit gekräutertem Rührei auf warmem Brot besteht. Und Kapser-Ohm, falls wir ihn hier antreffen, würde auch in diesem Falle sein „Allabonnör!" nicht verweigern.

VII.

Min Warmünn', min Oogentrost!

... soll der berühmte Lotsenkapitän Stephan Jantzen, Warnemündes würdigster Bürger, stets ausgerufen haben, wenn er nach gefahrvoller Rettungsfahrt den heimatlichen Hafen ansteuerte und die Hafeneinfahrt in Sicht kam.

Stephan Jantzen (1827–1913) hatte als Steuermann und Kapitän mehrmals die Welt umsegelt. 1863 wurde er zum Lotsenkommandeur in Warnemünde berufen. Im Laufe seiner Amtszeit rettete er in zahlreichen Seenoteinsätzen 90 Menschen „mit eigener Hand" das Leben. „Hei wir nich bang, Gefohr kennte hei nich, un good wir hei ok", sagten die alten Warnemünder. Wer als Binnenländer einmal nur versucht hat, bei Windstärke zehn ein paar Schritte auf der sicheren Strandpromenade aufrecht voranzukommen, der weiß, wieviel Mut und Kraft dazu gehörten, einer gestrandeten Schiffsbesatzung von Land her zu Hilfe zu eilen.

„Warmünn', min Oogentrost!" – Stephan Jantzens liebevoller Gruß mag uns begleiten auf dem Weg durch den Ort, denn ein Augentrost und eine Sinnenfreude ist Warnemünde nicht nur für die Einwohner.

Das ehemalige Fischerdorf gehört seit 1323 zu Rostock. Die Warnemünder selbst waren nicht immer davon erbaut, und, der Wahrheit die Ehre zu geben, sie sind bis heute keine so ganz richtigen Rostocker, sie sind mehr, sie sind

Häuserzeile am Alten Strom

The so-called „Häuserzeile" by the „Alten Strom"

War'münner. Die Rivalität zur reichen Hansestadt und ihrem mächtigen Rat hat hin und wieder zu heiteren Blüten geführt. Fritz Meyer-Scharffenberg, der als Schriftsteller in Groß Klein wohnte, also etwa auf der Mitte zwischen den beiden Streithähnen, wußte davon so manche Geschichte zu erzählen, so die vom Schiffer Kreplin, der sich über den Ratsapotheker und Senator Grimm zu Rostock erregte, weil jener ständig in den Warnemünder Angelegenheiten herumregierte. „Wat hett de oll Pillendreiher oewerhaupt in War'münn to seggen?" dröhnte er am Stammtisch. Man hinterbrachte die Injurie dem Vogt. Der belegte den Schiffer Kreplin mit einer Geldbuße wegen Verunglimpfung eines Ratsherrn. „Wat kost't de Schiet?" fragte Kreplin den Vogt. „Eenen Daler!" war die Antwort. „Hier hebben Se twee Dalers. Denn heww ick een'n Pillendreiher good!" sprach der Schiffer zum Vogt und warf ihm die Münzen vor die Füße.

Der Groll versiegte auch später nicht. Noch in den fünfziger Jahren sollen Warnemünder Schiffer gelegentlich nachts, nach ausgiebigen Zechtouren, zum Bahnhof gezogen sein, um auf dem Stationsschild „Rostock-Warnemünde" den ungeliebten Namensteil mit Mennige zu überquasten.

Heute ist das alles ins Anekdotische versickert. Aus dem Fischerdorf ist das Seebad geworden, aus dem Anhängsel der mächtigen Hansestadt wurde ihr Schmuckstück. Viele Rostocker unterhielten schon lange „einen eigenen Strandkorb" in Warnemünde, und manche verlegten Sommers ihren

Schlechter Fang heute? Skeptisch gucken die Fischer am Alten Strom

Nothing biting today? The fishermen on the Alter Strom look sceptical

Urlauberparadies aus der Möwensicht:
Strand, Leuchtturm, „Teepott“ und Hotel „Neptun“

Vacationers' paradise from the seagull's perspective:
beach, lighthouse, "Teepot", and the Hotel Neptun

Wohnsitz ganz hierher und tummelten sich zwischen den Berlinern, die Warnemündes Hauptbesucher waren.

„De Berliners“ wurde Sammelbezeichnung für alle Badegäste, woher sie auch kommen mochten. In dem Wort schwang wohl ein wenig Geringschätzung ebenso mit wie das Interesse an der Geldbörse der Sommergäste. Unter ihnen war 1870 auch Theodor Fontane mit seiner Familie, der mit dem sicheren Blick des Flaneurs sogleich erkannte: „Es gibt eine Rostocker Reihe an der Warnow hin und eine Berliner Reihe am Strand hin.“ Während am Alten Strom alles eher in sich gekehrt, vertraulich und windgeschützt war, wie es die Rostocker mochten, wehte dem Berliner Gemüt angepaßt eine ständige frische Brise am Strand entlang, und immer „der Blick ins Weite.“ Übrigens fanden es die Warnemünder noch bis in unser Jahrhundert hinein merkwürdig, daß die „Forensen“, die „Berliners“, die Auswärtigen also, die See tatsächlich zum Baden benutzten. Das mußte ja wohl nicht sein ...

Wie dem auch sei: bei allem Zeitenwandel sind mit geübtem Blick die „Berliner Reihe“ am Strand und die „Rostocker Reihe“ am Alten Strom noch heute zu unterscheiden. Hier, am Strom, drängen sich die spitzgiebeligen Häuschen eng aneinander, nur hier und da durch schmale „Tüschen“ getrennt, die als „Querstraßen“ römisch numeriert sind. Auch die „Glaskästen“, die zum Wasser hin verglasten Veranden, sind hier und da noch vorhanden. Gewiß ist alles moderner geworden, großzügiger, aus mancher Kneipe wurde ein Bistro, aus manchem Laden ein Shop oder gar eine Boutique, aber die Bäume sind noch da am Alten Strom, die Fischkutter, die sich in der Dünung wiegen und ihre Haltetaue an den Dalben scheuern, die Möwen und der Geruch nach Räucherfisch und Seetang und die pensionierten Kapteins, die auf der Bank bei der Lotsenstation sitzen, das Weltgetriebe unter dem Mützenschirm hervor betrachten und in der Regel dazu schweigen. Und dann kommt man beim Leuchtturm um die Ecke und betritt tatsächlich die „Berliner Reihe", wo die Villen vornehm in ihren Vorgärten stehen, die teuren Hotels mit rasanten Preisen schocken und Neptuns Schlafturm ein bißchen Travemünde spielt. Das Geld sorgt auch hier für die Abstände …

Dennoch: Warnemünde bezieht seinen Reiz aus der Vielseitigkeit des Erlebbaren. Man kann sich am Strand aalen, man kann in eine der vielen Kneipen gehen oder eben auch ins Luxusrestaurant, man kann in den Kramläden stöbern oder aber (wie ich es kürzlich amüsiert erlebte) in einer schicken Boutique einen unmöglichen Hut aufprobieren, sich geziert vor dem Spiegel drehen, das Wagenrad wieder vom Scheitel heben und mit dem hingehauchten Halbsatz „Steck wieder weg, Egon, das ischa doch wohl nix für mich!" mokiert den Salon verlassen. Da denken wir an Tucholsky und seine Sommergeschichte, in der die Prinzessin vorkommt, die aus Warnemünde zu stammen scheint, denn sie kennt alles ganz genau. „Zenater Eggers sin Hus" und „wo die alte Frau Brüshaber in gewohnt hat", nüch. Ja, davon hat

Sonnenstudio

Noch wartet der weiße Dachgarten am Leuchtturm auf Gäste

The white roof-garden beside the lighthouse is still waiting for visitors

Die „Glaskästen" am Alten Strom
bieten Platz für kleine Läden und Cafés

The "Glaskästen" along the bank of the Alter Strom
provide space for small shops and cafés

Frischgeräuchertes gibts bei „Backfisch-Udo“

Freshly smoked treats are available at "Backfisch-Udo's"

Warnemündes „schwangere Auster“: der „Teepott“ zu Füßen des Leuchtturms

Warnemünde's “pregnant oyster“: the “Teepot“ at the base of the lighthouse

Warnemünde was, und es sieht gar nicht „misogyn“ aus, wie die Prinzessin findet …

Neben dem Kleinklein gibt es auch hier das Großgroß, die Welt der Seefahrt, die riesigen Fährschiffe, die Werft mit dem meilenweit von See und Land her sichtbaren Kran. Die Giganten der Meere laufen mit leisen Brummen aus dem Seekanal und am Leuchtturm vorbei aus auf Große Fahrt, und der kleine Mensch steht auf der Mole und sieht die Radaranlagen sich drehen über den Glaskästen der Kommandobrücken und sieht die vielen Farben der Welt wehen an Heck und Masten und spuckt ins Wasser wie die alten Kapteins. Die Intimität Warnemündes lockt, da mag die Welt draußen bleiben, da mögen die dicken Dampfer tuten, was sie wollen, da sagen die Warnemünder noch eins „Pillendreiher“ und gehen in den „Seehund“ und trinken ein Grog. Min War'münn, min Oogentrost …

Leuchtturm in Warnemünde

Lighthouse in Warnemünde

Berühmte Rostocker von Blücher bis Wiggers

Gebhard Leberecht von Blücher, Fürst von Wahlstatt (1742–1819)

„Ich wollte, es wäre Nacht, oder die Preußen kämen!“ soll der englische Oberbefehlshaber Wellington vor der Schlacht bei Waterloo ausgerufen haben. Da kamen die Preußen unter der Führung Blüchers, und gemeinsam bereiteten sie Napoleon seine Niederlage, sein „Waterloo“. Blücher, der volkstümliche Reitergeneral, ist ein „Rostocker Kind“. Sein Denkmal von Johann Gottfried Schadow und Christian Daniel Rauch steht, mit einem Spruch Goethes geziert, vor der Rostocker Universität.

*

John Frederic Brinckman (1814–1870)

bildet zusammen mit Fritz Reuter und Klaus Groth das „Dreigestirn“ der niederdeutschen Literatur des 19. Jahrhunderts. Als Sohn eines Kapitäns und Kaufmanns in Rostock geboren, studierte er Jura an der Landesuniversität, beteiligte sich an den demokratischen Bewegungen seiner Zeit und ging 1839 nach Amerika, wo er bis 1842 lebte. Nach seiner Rückkehr wirkte er als Lehrer, zuletzt in Güstrow, wo er begraben ist.

Neben zahlreichen anderen literarischen Werken schuf er den Roman „Kaper-Ohm un ick“, in dem er seiner Vaterstadt ein unvergängliches Denkmal setzte ,und Rostocks heimliche Stadthymne, das Gedicht „Vagel Grip“. Rostock bewahrt die Erinnerung an den Dichter in der Benennung des Stadtteils „Brinckmansdorf“, wo auch die Straßen Namen aus seinen Werken tragen.

*

David und Nathan Chyträus
(1531–1600; 1543–1598)

Die Brüder Chyträus prägten in der Zeit nach der Reformation das wissenschaftliche Leben der Universitätsstadt. David, ein Schüler Melanchtons, refomierte die theologische Lehre und begründete die Geschichtswissenschaft an der Universität. Sein Bruder Nathan war der erste Rektor der berühmten Großen Stadtschule.

*

Dethloff Carl Hinstorff
(1811–1882)

Hinstorff stammte aus dem Weberstädtchen Brüel bei Sternberg und gründete 1831 die erste ernstzunehmende Verlagsbuchhandlung Mecklenburgs. Später weitete er sein Unternehmen von Parchim aus nach Ludwigslust, Wismars und Rostock aus. Als Verleger Fritz Reuters machte Hinstorff seinen Verlag berühmt. Er existiert bis heute und betreute im Verlauf seiner langen Geschichte viele bedeutende deutsche Autoren, darunter auch Ehm Welk und Franz Fühmann.

*

Johann Wilhelm Lauremberg
(1590–1658)

lehrte an der Universität Poetik. Als Dichter des Barock trat er insbesondere mit seinen
„Veer Scherzgedichten“ hervor, dem letzten großen literarischen Kunstwerk, das in mittelniederdeutscher Sprache entstand. Darin geißelte er die Untugenden seiner Zeit und seiner Zeitgenossen: den Verfall der guten Sitten, die lateinische Scheinbildung und die Protzerei und Völlerei der „besseren Leute“.

*

Frieda Ritzerow
geborene Burmeister
(gest. wohl 1898)

gilt als die „Kochkönigin" Mecklenburgs. Ihr bis heute beliebtes „Mecklenburgisches Kochbuch" für „mecklenburgische Hausfrauen und solche die es werden wollen" erlebte zahlreiche Auflagen und Nachahmungen.Ihre Rezepte haben den Charme der mecklenburgischen Küche bekannt gemacht, und bei ihr kann man nachlesen, daß es im Obotritenlande auch noch andere Leckerbissen gibt als die vielgeschmähten Kohlrüben.

*

Moritz Wiggers
(1816–1894)

Der gelehrte Jurist und Politiker gehörte zu den geistigen Köpfen der Reformbewegung von 1848. Die Mecklenburger wählten ihn zum ersten Präsidenten des verfassungsgebenden Landtags. 1850 organisierte er die Flucht des Dichters Gottfried Kinkel aus der Festung Spandau durch Mecklenburg nach Amerika.

Im „Rostocker Hochverratsprozeß" wurde er wegen seiner mutigen demokratischen Haltung angeklagt und saß gemeinsam mit seinem Bruder Julius 44 Monate lang in Untersuchungshaft.

Die Brüder Wiggers gehören zu den frühen Verfechtern der Demokratie in unserem Bundesland.

Stimmen über die Stadt

Die Leute, die in Rostock wohnen, heißen immer noch Kröger, Kramer oder Kröpelin. Seit kurzem heißen sie sogar Kempowski.

Walter Kempowski

Rostock hat nicht die Maßlosigkeit und grandiose Verfallenheit Wismars, nicht die altertümliche Einheitlichkeit Stralsunds, es hat die jeweilige Gegenwart in sich aufgenommen und sich angepaßt ... Ein anregendes Prickeln, ein elastisches Schwingen der Luft verrät uns, daß die geistigen Interessen diese Stadt bewegen, daß hier fruchtbare Arbeit geleistet wird.

Ricarda Huch

Vielleicht hat kein Mensch die Poesie dieser Stadt und dieses Landes so tief genossen wie mein Vater Christian Wilbrandt, in dem eine nie erschöpfte Genußkraft brannte und dem diese Heimat alles ersetzte, was andern die umkreiste Erde gibt.

Adolf Wilbrandt

Ich habe diese Sprache immer geliebt; mein Vater sprach sie wie hochdeutsch, sie, die „vollkommenere der beiden Schwestern", wie Klaus Groth sie genannt hat. Das Plattdeutsche kann alles sein: zart und grob, humorvoll und herzlich, klar und nüchtern und vor allem, wenn man will, herrlich besoffen.

Kurt Tucholsky

Je, Rostock! – Jeden Meckelnbörger geiht det Hart up un männigmal ok de Geldbüdel, wenn von Rostock de Red' is. Wat in ollen Tiden Tyrus un Sidon was för de Welt wegen den Handel, wat vördem Athen was för de Welt wegen Kunst un Wissenschaft, dat ist up Stunns Rostock för den Meckelnbörger un Warnemünn' is sin Piräus ... De Seestadt Rostock is de Up- un Dal-Sprung för jeden Meckelnbörger.

Fritz Reuter

Rostock selbst hat nur 85 Einwohner, genießt aber den Vorzug, daß die Township-Verwaltung dort ihren Sitz hat.

Winfried J. Schulte über Rostock, Wisc., Can.

Man sitzt in der „Kogge“ wie vor den Ausgucklöchern früherer Jahrmarktstände, das Bild ist koloriert, immerzu wird Bewegung suggeriert und Abenteuer, aber alles ist von gestern, und die Spannung hat man selber mitgebracht.

Fritz Rudolf Fries

Die Mecklenburger sind ein schöner starker Menschenschlag, man stößt noch auf lockige, blonde, echte Nachkömmlinge der Leute, deren cäsarisches Gefühl den römischen Zierbengeln so willkommen war; die Sprache ist platt.

Karl Julius Weber

Nach Rostock kam ich arm und arg zerschunden, / Gelehrte jeden Fachs hab’ ich hier angefunden, / Beschwingtem Geiste und der Freiheit hold, / Dem Schönen mehr ergeben, als man meinen sollt’, / Mit hoher Gunst ward’ ich hier aufgenommen, / Mir ist, als sei zur Heimat ich gekommen.

Ulrich von Hutten

Marktplatz! Rechts: Große Wasserstraße. Nr. 6 mein erstes Domizil (Dachkammer. Fiel man aus dem Bett, so mit den Beinen in die Lampe, mit dem Rücken ins Waschbecken und mit den Kopf ins Frühstück).

Kurt Goetz

Des Meeres und der Liebe Wellen gehen hoch! Glücklich der Mann, der den Hafen erreicht hat und jetzt ruhig sitzt im guten Ratskeller von Rostock.

August Strindberg

Zum Weiterlesen

Horst Witt (Hrsg.)
Die Wahrhaftige „Abcontrafactur“ der See- und Hansestadt Rostock des Krämers Vicke Schorler
Rostock: Hinstorff Verlag, 1989

***

Detlef Hamer / Angelika Heim
Rostock – Innenansichten
Rostock: Konrad Reich Verlag, 1990

***

Detlef Hamer / Joachim Lehmann
Rostock – so wie es war
Düsseldorf: Droste Verlag, 1992
(Reihe Fotografierte Zeitgeschichte)

***

Jürgen Grambow (Hrsg.)
Die Rostocker Sieben und andere Merkwürdigkeiten
Rostock: Hinstorff Verlag, 1993

***

Walter Kempowski (Hrsg.)
Mein Rostock
Frankfurt/Main, Berlin: Ullstein Verlag, 1994
(Reihe Autoren sehen ihre Stadt)

***

Gerhard Weber
Der Turm. Vom Wiederaufbau des St. Petri-Kirchturmes zu Rostock
Rostock: Redieck & Schade, 1995

***

Jürgen Borchert / Detlef Klose
Rostock
München: Verlag C. J. Bucher, 1995
(Reihe Edition Die deutschen Städte)

A Little History Can't Hurt

Rostock's name first appears in 1160 written as Roztoc or Roztoky in documents belonging to the Slavic Prince Niklot.

In 1218, Prince Heinrich Borwin I granted the town the so-called "Statutes of Lübeck". Rostock grew quickly westward. In addition to the settlement centred around the Petrikirche (church), the downtown developed around the cathedral Marienkirche, and the community around the Jacobikirche expanded in the west.

In 1259, Rostock joined the Hanseatic League. The merchant shipping industry on the Baltic Sea ensured the growth and prosperity of the town. Rostock became Danish in 1302 and remained so for one and a half decades.

In 1348, Rostock once and for all became a part of Mecklenburg as an Imperial German fiefdom. The reigning princes attempted to gain stronger control over Rostock, but the self-assured Hanseatic merchants wrestled all sorts of privileges and concessions from them, such as the right to mint their own coinage and administer their own system of justice. The princes were even forced to surrender their right to erect a castle in Rostock.

In 1419, Rostock founded its own university. Petrus Stenbeck inaugurated the Hohe Schule on November 12, 1419. The University was soon honoured with the nickname "Light of the North".

The citizens of Rostock have always been strong-minded.

In 1484, for example, they were placed under a church ban for refusing to allow the reigning princes to establish a Domkollegiatstift (a collective fund for the cathedral) in Rostock. In 1487, the townspeople instigated a bloody rebellion which would later cost them 21,000 gulden in fines. These clashes were finally resolved through the Reformation.

In the meantime, the Hanseatic League had lost its significance, bringing about a period of decline that continued through the Thirty Years' War. In 1669, the Hanseatic League, which had been so strong in the middle ages, disbanded in Lübeck, contributing in no small way to the social and political weakening of Rostock. Frequent episodes of unrest shook the town's administration. The entire 18th century was a dark period for Rostock, particularly when Duke Friedrich the Pious, who detested the University's humanistic spirit, seized control of the Alma mater in 1760 and moved it to Bützow. There it remained, so to speak, "in exile" until it was finally returned to Rostock in 1789.

The 19th century began with social unrest and economic problems stemming from Napoleon's Continental System of 1806. Finally, with Napoleon's defeat, Rostock's economy began to recover after two hundred years of stagnation.

This economic upswing is best illustrated by the town's shipping register. In 1818, 134 ships were registered to Rostock. By 1850, this number had risen to 263 and, by 1878, totalled 378 steam and sailing ships.

But now we have gone too far. The mid-century political

chaos with the Revolution of 1848 consumed Rostock as well. The town council positioned itself on the front-line of the liberal efforts. In 1850, Moritz Wiggers was elected president of the state parliament, or "Landtag", in Schwerin that was responsible for administering the constitution.

Rostock's population rose rapidly in the second half of the 19th century, reaching 54,700 by the year 1900. Many public buildings were erected in Rostock during this period of growth. The Ständehaus (parliament house) on the Rosengarten park was opened in 1893, and the Kaiserliche Hauptpostamt (imperial main post-office) was erected nearby in 1900. In 1895, the citizens of Rostock treated themselves to a magnificent Stadttheater (municipal theatre). By the outbreak of World War I in 1914, the population had risen to 70,000. Social problems during the war were triggered by food shortages. In 1917, the women of Rostock looted the bakeries and butcher shops, but the police decided not to intervene. In 1918, Grand Duke Friedrich Franz of Mecklenburg-Schwerin resigned as sovereign and as patron of Rostock's university.

During World War II, the Hanse town suffered the most turbulent period of its existence since the Thirty Years' War. Rostock, which had grown to the status of a city with 100,000 inhabitants, lost a large portion of its population during the nights of bombing in April of 1942. Nearly 40% of the buildings were destroyed or badly damaged, and by 1945 the population had dwindled to a mere 66,000.

In 1957, the town's development enjoyed a decisive boom

when construction began on its international port. Due primarily to the diligence and high spirits of its citizens, Rostock experienced a revival that, in light of the conditions within the GDR, was tremendous as well as astonishing. The port and shipyard industry supported this economic upswing and helped the city recover from its post-war state.

The year 1989 rang in a new era for Rostock with the memorable mass demonstration on October 19th. In the meantime, Rostock had grown to become the largest city in Mecklenburg, and with the "Wende", the 230,000 inhabitants threw off the yoke of subjugation and oppression of the GDR era. In 1994, the ceremonial unveiling of the reconstructed Petrikirche church steeple, which had remained in ruins since its destruction in 1943, became the symbol of a new beginning for the city. Like a phoenix from the ashes, like the proud griffin, it rises above the city and the sea once again as the highest church steeple in the land.

Rostock – Heart and Soul

Every citizen senses the heart and soul of his hometown. The heart of Rostock is embodied by its long, oval town-centre. Nestled against the Stadthafen (city harbour) between the historical Fischerbastion and Petrischanze fortifications, it is a well-ordered chaos of crissing and crossing streets, marketplaces and squares, alleys and passageways.

The Hanseatic culture blew the spirit into Rostock and gave the town a soul. Even Rostock's physical essence, its majestic skyline, is moulded around this very culture. The style of the Hanse, the skyward-reaching Gothic architecture in red brick, found its character here, as it did in Lübeck and Wismar. The bombs of war may have left their marks, but the town of Rostock survived. Of course, there is no way to turn back time and reconstruct the fairy-tale Rostock that was portrayed by the citizen and businessman Vicke Schorler in his so-called "Bildrolle" (scroll of parchment) at the end of the 16th century. The "Vicke-Schorler-Rolle", 19 metres long, is preserved in the city archives as a cultural treasure of the Hanseatic city.

This detailed portrait would not be of much use to the modern-day tourist or strolling pedestrian; it is better suited as a tool for comparing the present day with the past. For finding our way through the city, we will need a more modern map.

On the southern edge of Rostock, the River Warnow, with its abundant waters, meanders in from the centre of Mecklenburg. Its course takes a sharp turn westward around the city and forms, as the "Unterwarnow", an ideal harbour that has become a playground for both large and small sailing vessels, especially during Rostock's "Hafentage" (Harbour Days) and "Hanse Sail" festivals.

Of course, there is more to Rostock than just the Altstadt (the old part of town) and the Unterwarnow. Back in the 19th century, suburbs rose up on the southern and western edges of the Altstadt. Both were the children of the Gründerjahre (years of rapid industrial expansion in Germany).

The greatest thrust in city-expansion, though, took place during the GDR era with the construction of massive housing developments between the city centre and the harbour town of Warnemünde. Today, more than 100,000 people, over half of Rostock's inhabitants, live here, and any observant visitor would notice the many efforts being made to transform these somewhat dismal bedroom communities into truly liveable neighbourhoods.

But, now let's take another look at the number seven. The citizens of Rostock have, literally, a "pointed" obsession with this number. Instead of recognising the customary 775th city anniversary, they recently celebrated – of course – their 777th. The Marienkirche still has all seven of its doors, but of the original seven town gates, only four remain. The seven Kaufmannsbrücken (mercantile gangways from ship to pier) along the shore, which can still be seen depicted in Vicke Schorler's Rolle, have since surrendered their sites to more modern trade facilities; but the seven towers of the Rathaus (town hall) are still intact, rising impressively and daintily above the seven arches of the Rathaus arcade on the Neuer Markt square.

The "seven bells" were once the chiming clock-works of the churches Marienkirche, Jacobikirche, Nikolaikirche, and Petrikirche, in harmony with those of the collegiate and monastery churches Zum Heiligen Kreuz (Holy Cross), Zum Heiligen Geist (Holy Spirit), and St. Katharinen. It must have been a feast for the ears when all seven sounded their bells simultaneously, in "tohopen" (a Low German term, meaning "together").

As for the seven Linden trees, there are far more than seven in the Rosengarten park today, and thank heavens all are healthy and green, offering abundant shade for the grateful pedestrian who makes his way along the gardens from the Steintor gate to the Wallanlagen park.

Amidst Walls, Masts, and Towers

Rostock's tradition as a university-town dates back to the year 1419. The heart of the University is its main building on the Universitätsplatz square.

This site represents one of the most intellectual centres of Mecklenburg. Several famous names distinguish the University's list of past instructors: Ulrich von Hutten, Conrad Celtis, Albert Krantz, Nikolaus Marschalk ... The school has experienced both highs and lows, glory and disgrace, throughout its nearly six-hundred years of existence. Its glorious chapter would include the awards which the University offered and bestowed upon dignified Germans such as Fritz Reuter, Mecklenburg's National Poet, and Albert Einstein, the physics genius.

In front of the main university building is one of the city's most significant public works of art, the Blücherdenkmal (memorial). Gebhard Leberecht von Blücher, the folks campaigner and freedom-hero, was one of Rostock's own sons. In 1815, he gave Napoleon his Waterloo. The citizens of Rostock adore their Blücher as well as this memorial.

When standing in front of the university building with its severe yet magnificent facade, the modern Fünfgiebelhaus (Five-Gabled House) provides a pleasant contrast on the northern side of the roughly triangular square. This building was erected in 1986, true to the Hanseatic architectural tradition. The third side of the square is dominated by two baroque buildings which the citizens of Rostock owe to two of Mecklenburg's sovereigns: Duke Carl Leopold (1678 – 1747) and his brother Christian Ludwig II. The latter was a patron of the arts and a follower of the principle "live and let live". He gave the town the splendid building beside the Palais, the ornamental Barocksaal (1750).

The site where the square intersects Kröpeliner Straße is animated by Jo Jastram's and Reinhard Dietrich's "Brunnen der Lebensfreude" (Fountain of Happiness).

The main inner-city traffic artery, Lange Straße, extends in an exact east-west plane, parallel to Kröpeliner Straße. Before its destruction in 1942, it was not much wider then the present-day Kröpeliner Straße. Work began in 1953 to reconstruct Lange Straße in the old style. Luckily, the traditional red brick had regained its status as a valuable building material. Rostock's city-centre certainly would have taken on a different air had a monstrosity like that of the Stalinallee in Berlin been built.

The cityscape, and Lange Straße itself, made a great sacrifice in the process of reconstruction. The massive Jacobikirche, which had lost both its prominent steeple and its roof in the fire storms of 1942, was completely torn down in 1960.

The Lange and the Kröpeliner streets may follow parallel courses, from the Kröpeliner Tor (gate) to the Neuer Markt square, but in character, they are on opposite poles: there, the big-city noise and, here, a few small shops, pubs, cafés, and bistros, along with church-bells, a fountain, and the green-space in front of the University – an idler's paradise. To put it simply, hurry down the Lange Straße, but take your time on the Kröpliner.

Piety and Town-Pride

In the middle ages, Rostock had four large churches, the Petrikirche, the Nikolaikirche, the Marienkirche, and the Jacobikirche, as well as a number of smaller churches that were affiliated with cloisters and hospitals. Each of them has its own distinct character and its own past.

The Marienkirche, the city's colossal, central place of worship, looks much like a "Zentralbau" (building with several wings surrounding a central room) because the nave and the transept cross approximately in the middle of the building. Of all the churches in Rostock, the Marienkirche has the richest collection of art treasures. Its functional astronomical clock, with two clock-faces arranged one above the other, is famous throughout the world. When the church's roof-truss was threatened by fire in the bombing raids of 1942 and 1944, the verger Friedrich Bombowski risked his life under the most difficult conditions to rescue his church from destruction.

The Petrikirche is the oldest church in Rostock. For ages, it wore the 119-metre high, pointed copper helmet, which served as a landmark for sailors at sea and rose proudly as the highest church spire in Mecklenburg. Alas, the Petrikirche church lost its magnificent tower during the night-time bombing strikes, and its reconstruction was unthinkable for nearly half a century. On November 13, 1994, the spire was finally set once again atop its post. With the ceremonious unveiling, Rostock's skyline regained one of its most significant peaks.

The Nikolaikirche, which was consecrated in 1312 only a few hundred metres away from the Petrikirche, also suffered severe damage. The impressive nave, with its expansive, whitewashed emptiness is used nowadays for concerts and theatre productions.

The fourth of the main churches, the monumental basilica of St. Jacobi (the Jacobikirche), no longer exists. Its absence is the most significant gap in Rostock's cityscape.

The Heilige-Kreuz-Kirche (Church of the Holy Cross), which sits behind the University and is commonly referred to as the University Church, belongs in fact to the cloister, Kloster zum Heiligen Kreuz. Today, popular concerts are held in this tower-less, 14th century, mendicant-order church, and the cloister itself provides an appropriate home for the Kulturhistorisches Museum (Museum of Cultural History).

A Pub-Crawl through Cultural History

Rostock is also the perfect haven for pub-crawlers. The beer and wine taverns, dives and night-clubs, gourmet restaurants and ice cream parlours, here, are as countless as the cobblestones.

My pub-crawl began in the "Altstädter Stuben" near the two large churches of the eastern Altstadt on Altschmiedestraße. The basement room of the pub appealed to me the most. There, one can establish a foundation for future excesses by filling-up on some Scholle (plaice) or a plate of Bratheringe mit Bratkartoffeln (fried herring with fried potatoes) along with a cool Rostocker Pilsner beer. Fortified and fulfilled, you emerge from the underworld into the fresh air at the very site where the street names are the strangest, speaking of the old trades that were once active here, of blacksmiths and butchers, of tanners and tawers, of brewers and weavers, and naturally, of thieves. We drift deeper into the Große Wasserstraße, where we find the "Krahnstöver". In this wine shop and pub, we indulge in a glass of white Moselle wine along with – and I recommend this from personal experience – a cheese platter, or "Käsebrett". Krahnstöver's has been in operation for more than 150 years. They even used to distil their own schnapps. Rejuvenated by the cheese and wine, we set off for the Neuer Markt square. Behind the seven arches of the Rathaus arcade, a stairway leads up to the spacious, pillar-filled Ratskeller, a perfect place for “boozing“. The menu offers homestyle Northern German cuisine including several fish entrees and is worth a good look. After we have had our fill of the impressive vaulted ceilings, we can march purposefully across the square, directly to the mouth of Kröpeliner Straße, where we will find, straight ahead, the door of the “Burwitz“. This comfortable and respectable bourgeois pub is worth searching for, especially if you are interested in tasting Rostock’s best fish soup and preparing yourself for your trek to the next (and most likely, for tonight, the last) establishment, the “Kogge“. This is Rostock’s best known sailor’s pub. In spite of a dozen name-changes and at least as many burnings, it has been operated on the same site for some 150 years. A watch-bell hangs at the bar, and whoever rings it, buys a round for everyone in the pub. Finally, for supper, we polish off a Kapitänsbrot (“captain’s bread“), an open-faced sandwich topped with smoked eel and scrambled eggs.

Min Warmünn', min Oogentrost!

... is said to be the phrase used by the famous pilot-boat captain and rescuer Stephan Jantzen, Warnemünde's most dignified citizen, whenever, on his way home from dangerous rescue missions, the entrance of his native harbour came into view.

"Warmünn, min Oogentrost!", Stephan Jantzen's loving greeting, accompanies us on our tour through the town, because even for visitors, Warnemünde is truly a delight for the eyes and a feast for the soul.

This former fishing village has belonged to Rostock since 1323. The citizens of Warnemünde, though, have never been very pleased with this fact, and the truth of the matter is, they are still today more than just citizens of Rostock: they are War'münners.

As late as the 1950's, so they say, the Warnemünde sailors would occasionally make their way to the railway station at night after a lengthy pub-crawl and cross out the unpopular part of the name "Rostock-Warnemünde" on the station signpost with Red lead.

In the present day, these emotions have mainly dissipated into anecdotes. The fishing village has become a seaside resort, and the appendage of the mighty Hanse town has become its gem. Among its summer guests in 1870 was Theodor Fontane with his family, who from the objective viewpoint of an outsider, immediately recognised, "there is a row of

Rostockers along the Warnow and a row of Berliners along the beach“. Whereas for the Rostock townspeople, everything was more introspective, private, and sheltered on the Alter Strom (river), the beach for the Berliners meant a constant fresh breeze and an endless view. It is interesting to note that, still in the early part of this century, the people of Warnemünde could not understand why the out-of-towners would possibly want to go swimming in the sea. Do they really have to ...?

Along the Alter Strom, little houses with pointed gables huddle together, separated only here and there by narrow “Tüschen“ (between-lanes) which are numbered like cross-streets with roman numerals. Even the “Glaskästen“, the glassed-in verandas facing out towards the water, can still be seen in places. Of course, to some extent, everything has become more modern, more large-scale. Several pubs are now bistros, several markets are now shops or even boutiques, ... but the trees stand true along the Alter Strom with its fishing boats that rock in the swells, chafing their ropes on the bollards, its seagulls and the smell of smoked fish and seaweed, and the retired captains who sit on the park-bench by the pilot-station, contemplating the world’s hustle and bustle from beneath the brims of their hats and making a point of saying nothing about it.

Zum Autor

Jürgen Bochert
(* 1941)

Feuilletonist, Romanautor, Erzähler, Publizist

Im Demmler Verlag bisher erschienen:
150 Schweriner (1991)
Mecklenburgs Großherzöge (1992)
Spaziergänge in Mecklenburg (1993)
Vadder kocht (1994)
Alexandrine – Die „Königin“ von Mecklenburg (1995)

Zum Fotografen

Detlef Klose
(* 1958)

Bis 1990 Fotograf an der Galerie Schwerin, Künstlerportraits
Seit 1991 selbständiger Fotodesigner in Schwerin, Werbung und Architektur

Fotos für den Demmler Verlag in den Büchern:
Griese Gegend (1992)
Land un Lüd (1992)
Fotobildbände u. a. beim Verlag C. J. Bucher, München

Im Demmler Verlag bisher erschienen (Auswahl):

Bücher zur Kultur- und Landesgeschichte, zur Natur und Umwelt und Reiseliteratur über Mecklenburg-Vorpommern

Jürgen und Erika Borchardt
MECKLENBURGS HERZÖGE
Ahnengalerie Schloß Schwerin
122 S., 35 Farbf., Broschur, 14.80 DM
ISBN 3-910150-07-1

Jürgen Borchert
MECKLENBURGS GROSSHERZÖGE
120 S., 10 s/w Fotos, 17 Farbfotos
Broschur, 19.80 DM
ISBN 3-910150-14-4

Margot Krempien
G. A. DEMMLER (1804–1886)
Schweriner Schloßbaumeister
128 S, 62 s/w Fotos, 13 Farbfotos
Broschur, 14.80 DM
ISBN 3-910150-06-3

Klaus-Henning Schroeder
DAVIDS' ENKEL
Eine Jugend in Schwerin
Broschur, 22,– DM
ISBN 3-910150-08-X

Jürgen Borchert
SPAZIERGÄNGE in Mecklenburg
144 S., mit 12 farbigen Pastellen und 30 s/w Zeichnungen von Horst Schmedemann, Hardcover, 24.80 DM
ISBN 3-910150-20-9

Brigitte Birnbaum
ERNST BARLACH
Annäherungen
136 Seiten,
24 s/w Abbildungen
Hardcover, 24,80 DM
ISBN 3-910150-32-2

Brigitte Birnbaum
FONTANE in Mecklenburg
144 S., 47 s/w Fotos
Hardcover, 24.80 DM
ISBN 3-910150-22-5

Jürgen Borchert
ALEXANDRINE
Die „Königin" von Mecklenburg
176 S., 36 s/w Fotos, Hardcover, 29.80 DM
ISBN 3-910150- 29-2

NATIONAL- & NATURPARKFÜHRER MECKLENBURG-VORPOMMERN
88 S., 63 Farbfotos
Broschur, 12.80 DM
ISBN 3-910150-11-X

Karin Blase
HIDDENSEE von A–Z
128 Seiten, 45 Farbfotos
Broschur, 14.80 DM
ISBN 3-910150-16-0

Manfred Kutscher
FLORA & FAUNA
an der Ostseeküste von Me-Vo-Po
216 S., 373 Farbfotos
Klappenbroschur, 26.80 DM
ISBN 3-910150-18-7

Wolf Spillner
NATUR-ANSICHTEN
oder
Die Macht der Kamille
144 Seiten, 32 Farbfotos
Hardcover, 24,80 DM
ISBN 3-910150-32-2

Im Buchhandel oder direkt beim Verlag erhältlich.
Fordern Sie auch das Gesamtverzeichnis der lieferbaren Titel des Verlages an.
Demmler Verlag · Dr. M. Krempien · Bahnhofstraße 36 · 19057 Schwerin
Telefon/Fax (03 85) 4 84 49 79